STATUTS,

ORDONNANCES

ET

REGLEMENS

DE LA COMMUNAUTE'

DES MAITRES

Doreurs, Argenteurs, Damafquineurs, Cifeleurs &
Enjoliveurs fur Fer, Fonte, Cuivre & Laiton, de
cette Ville de Paris.

A PARIS,

De l'Imprimerie de GONICHON, rue de la Huchette,
au Sacrifice d'Abraham.

___

M. DCC. XL,

LETTRES PATENTES,

ACCORDE'ES PAR LE ROY

CHARLES IX.

A LA COMMUNAUTE' DES MAITRES
Doreurs, Argenteurs, Damasquineurs, Ciseleurs
& enjoliveurs sur Fer, Fonte, Cuivre & Laiton
de cette Ville de Paris.

Extrait des Regiſtres du Conſeil, du mois d'Août 1573.

CHARLES, PAR LA GRACE DE DIEU,
Roy de France; à tous préſens & advenir, Salut:
Comme de la part de nos bien-amez les Doreurs
ſur fer, fonte, cuivre & laiton en noſtre Ville de
Paris, pour pluſieurs bonnes & juſtes cauſes, nous ait eſté preſentée Requeſte en notre Conſeil privé avec articles, tendant afin que ſuivant iceux articles, ledit meſtier de Doreur
fuſt créé & erigé en meſtier Juré en ladite Ville de Paris, &
leſdits articles eſtre gardez & obſervez en icelui ſelon leur
forme & teneur, & ainſi qu'il eſt plus amplement contenu &

A ij

4

declaré par iceux ; laquelle Requête & articles , dès le troifiéme jour de Juin 1573. & dernier paſſé , nous aurions ren-
voyée au Prevoſt de Paris ou ſon Lieutenant , pour ſur le contenu en iceux , appellé avec lui noſtre Procureur en ladite
Prevoſté envoyer à Nous & à noſtredit Conſeil leur advis du
bien & utilité que ce nous ſeroit & au public de créer & éri-
ger une Maiſtriſe dudit meſtier de Doreur , pour ſuivant icelui eſtre pourveu auſdits Supplians ainſi que de raiſon ; ſuivant
laquelle Commiſſion , Requeſte & articles , nos Officiers dudit Chaſtelet , nous avoir donné ſur ce leur advis qui eſt ci-at-
taché ſous le contre-ſcel de noſtre Chancellerie , avec ladite
Requeſte & articles , enſemble l'information faite à la Requeſte de noſtre Procureur audit Chaſtelet , ſur la commodité ou incommodité; Sçavoir faiſons, que nous , ſuivant icelui advis & informations , par meure déliberation de noſtredit Conſeil , & pour pluſieurs autres bonnes cauſes & conſide-
rations à ce nous mouvans , avons par ceſdites préſentes , &
Edict perpétuel & irrévocable de notre certaine ſcience , grace ſpeciale , pleine puiſſance & authorité Royale , créé , erigé
& eſtably , dit, ſtatué & ordonné , creons , erigeons & eſta-
bliſſons , diſons , ſtatuons & ordonnons ledit meſtier de Doreur en meſtier de Juré en noſtredite Ville de Paris , pour icelui y eſtre exercé , gardé & obſervé , ſelon & en enſuivant leſdits articles. Si donnons en mandement à nos amez & feaux
Conſeillers , les Gens tenans noſtre Cour de Parlement à
Paris , Prevoſt dudit lieu , les Lieutenans Civil & Criminel ,
& à tous nos autres Juſticiers & Officiers , ou leurs Lieutenans
Generaux & Particuliers , & à chacun d'eux en droict ſoy , &
ſi comme à lui appartiendra , que de noſtredit preſent Edict
de ladite Requeſte , articles , le tout cy-attaché , comme dit
eſt , ils faſſent lire , publier & enregiſtrer ſi beſoin eſt , & où
meſtier ſera , à iceux inviolablement garder & obſerver de
poinct en poinct , ſelon leur forme & teneur , ſans enfraindre
en aucune maniere , contraignant à ce faire & ſouffrir tous
ceux qu'il appartiendra , & qui pour ce feront à contraindre
par toutes voyes & manieres dûes & raiſonnables: Car tel eſt
noſtre plaiſir , nonobſtant oppoſitions ou appellations quelconques , pour leſquelles & ſans préjudice d'icelles , ne voulons

eſtre differé, & quelcónques Ordonnances, Mandemens ,
Défenſes, Reſtrictions, & Lettres obtenues ou à obtenir à ce
contraire, par les autres meſtiers de cette Ville de Paris ; à
quoi nous avons derogé & derogeons par ceſdites Preſentes,
noſtre Edict perpetuel & irrévocable ; & afin que ce ſoit choſe
ferme & ſtable à toujours, Nous avons fait mettre noſtre ſcel
à ceſdites Preſentes, ſauf en autres choſes noſtre droict & l'autrui en toutes. Donné à Paris, au mois d'Aouſt, l'an de grace
1573. Ainſi ſigné ſur le reply ; Par le Roy en ſon Conſeil ,
DE NEUFVILLE. Et à coſté viſa contentor, DE HAMVEL.
Et ſcellées ſur las de ſoye rouge & verte, en cire verte du
grand ſcel.

*Regiſtré, ouy le Procureur General du Roy , à Paris en Parlement, le
neuſviéme Juillet l'an mil cinq cens quatre-vingt-ſix, Signé DE HEVEZ.*

*Lettres Patentes données par le Roy Henry III. qui
confirment le Droit de Maitriſe accordé à la Communauté des Maîtres Doreurs , Argenteurs , Cizeleurs , &c. par le Roi Charles IX.*

Du 9. Juillet 1586.

HENRY, par la grace de Dieu, Roy de France & de
Pologne : à tous preſens & advenir, Salut : Nos chers
& bien-amez les Maiſtres Doreurs ſur fer, fonte, cuivre &
laiton en noſtre bonne Ville de Paris : Nous ont fait remon-
trer que feu noſtre cher ſieur & frere le Roy Charles dernier
décedé, que Dieu abſolve : auroit par ſes Lettres du mois
d'Aouſt 1573. ordonné & eſtabli ledit meſtier de Doreur en
meſtier Juré en noſtredite Ville de Paris ; & voulu icelui eſtre
gardé & obſervé ſelon & ſuivant le contenu ès articles ci-atta-
chez, dont iceux Suppliants auroient depuis paiſiblement jouy,
comme ils font encore de preſent : mais ils doutent qu'à cauſe
qu'ils n'ont depuis noſtre advenement à la Couronne obtenu
de nos Lettres de confirmation, on ne les vouluſt troubler en

la jouiſſance de leurs Privileges, à quoi ils nous ont très-hum-
blement ſupplié, & requis leur Procureur ſur ce, de nos Lettres à ce néceſſaires. Sçavoir faiſons, que Nous déſirant maintenir & conſerver leſdits Supplians en la jouiſſance de leurſdits Statuts & Privileges qui ſont ci-attaehez ſous notre contre-ſcel ; leur avons iceux confirmez, approuvez & ratifiez,
confirmons, approuvons & ratifions par ces preſentes, pour
en jouir par eux & leurs ſucceſſeurs Maiſtres dudit meſtier,
tant & ſi avant, & en la même forme & maniere qu'ils en
ont cy-devant bien & dûement joui & uſé, jouiſſent & uſent
encore à preſent. Si donnons en Mandement à nos amez &
féaux Conſeillers, les Gens tenans noſtre Cour de Parlement
à Paris, Prevoſt dudit lieu, ſon Lieutenant Civil & Criminel,
& à tous nos autres Juſticiers & Officiers qu'il appartiendra ;
que du contenu en noſtre preſente confirmation ils faſſent,
ſouffrent & laiſſent leſdits Supplians jouir & uſer pleinement
& paiſiblement, ſans en ce leur faire, mettre ou donner, ni
ſouffrir eſtre fait, mis ou donné aucun trouble ou empeſche-
ment au contraire : Car tel eſt noſtre plaiſir ; & afin que ce
ſoit choſe ferme & ſtable à toujours, Nous avons fait mettre noſtre ſcel à ceſdites Preſentes, ſauf en autre choſe notre
droiĉt & l'autrui en toutes. Donné à Paris au mois de May,
l'an de grace 1586. & de noſtre regne le douziéme. Ainſi
ſigné ſur le reply, Par le Roy, COMBAUT, Et à coſté, Viſa
contentor, DE POMMERIT, & ſcellées ſur las de ſoye
rouge & vert en cire verte du grand ſcel.

*Regiſtrées ; ouy le Procureur General du Roy, à Paris en Parlement, le
neuvieme Juillet 1586, Signé DE HEVEZ.*

Déliberation de la Communauté des Maitres Doreurs, Argenteurs, &c. qui fixe le tems que les Maitres dudit Métier doivent être sans faire d'Apprentifs, & le tems des Apprentissages.

Du 14 Avril 1604.

FUrent presens & comparurent personnellement honorables hommes Cleophas Herissant, Pierre Bocquet, Jean Viollet, tant pour eux que pour Pierre Cottin, tous Maistres Doreurs, Damasquineurs sur fer, fonte, cuivre & laiton à Paris, & Jurez dudit mestier, Martin Aurillet, Nicolas Potier, Jean de la Croix, Claude Pinceau, Noel de Beauvais, Bertrand Bocquet & Martin Merandel, tous aussi Maistres Doreurs: sur lesdits Mestaux & Bacheliers dudit mestier. Nicolas de la Pierre, Christophe de Baux, Simon Dubois, Jean Delescourt, Pierre Prevost, Jean Ligner, Antoine du Bois, Philippes Richardiere, Marin Girault, Michel Lamoureux, Estienne Picaut, Jean Cartier, Alienor Trepigny, Guion le Grand, Jacques Harlan, François le Clerc, Noël du Tartre, Philbert Laurent, Jacques le Clerc, Jean du Mont, Pierre Vallée, Jean Vallée, Jean Petit & Jean le Grand, tous aussi Maistres Doreurs, Damasquineurs sur fer, fonte, cuivre & laiton à Paris, tous y demeurans, faisant & représentant la plus grande & saine partie du Corps dudit mestier; disant qu'à cause du grand nombre qu'ils sont en iceluy mestier, qui s'accroist journellement par la réception qui se fait trop facilement à la maistrise, il ne peuvent gagner qu'à grande peine leur vie & de leur famille, à quoi ils ne sçauroient remedier que par le moyen qui ensuit : c'est à sçavoir, qu'ils ont statué, accordé ensemble, tant pour leur profit & commodité, que de tous les Maistres d'icelui mestier presens & advenir, que d'oresnavant nul Maistre dudit mestier de Doreur, Damasquineur ne pourra prendre qu'un Apprentif en l'espace de dix ans, pour le regard de ceux qui sont à prefent Maiſtres dudit meſtier ; & quant aux compagnons & autres qui ne ſont encore Maiſtres, ne pourront prendre aucun Apprentif que dix ans après leur réception, après lequel tems paſſé ils pourront avoir & prendre un Apprentif de dix ans en dix ans, & pour requerir pardevant tous Juges, & en toutes Cours qu'il appartiendra, que ce que deſſus ſoit joint, & encore avec les Ordonnances, Statuts & Privileges du ſuſdit meſtier, inſéparablement tout ainſi qu'iceux Statuts, Privileges & Ordonnances ont tous les deſſus nommez fait, nommé, créé & conſtitué leur Procureur general, ſpecial & irrévocable Me Charles le Roy, Procureur au Chaſtelet de Paris, auquel ils ont donné pouvoir & puiſſance de ce faire, enſemble toute remonſtrance néceſſaires à cette fin, & au ſurplus plaider, renoncer, appeller, élire domicile, ſubſtituer, & generalement prononcer, obliger. Fait & paſſé ès Eſtudes des Notaires ſouſſignez, le 31 & dernier jour de Mars après midi, 1604, & ont leſdits Pierre Bocquet, Aurillet, Pouſſé, de Beauvais, du Bot, Simon du Bois, Prevoſt, Ligner, Richardieres, Lamoureux, Turpin, Harlan, François & Jacques le Clerc, Dutartre, Laurent, Petit & Jean le Grand, ſigné la minutte des preſentes : Quant aux autres, ont déclaré ne ſçavoir eſcrire ni ſigner, ſur ce enquis pour ſatisfaire à l'Ordonnance. Et ledit jour auſſi après midy ſont comparus Pierre du Creux, Conſtantin Sonet, Jean de ſaint Denys, Vallerien Bocquet, Arthus Thiverny, tous Maiſtres Doreurs, Damaſquineurs ſur fer, cuivre, fonte & laiton, leſquels, après lecture à eux faite de la procuration cy-deſſus écrite, ont auſſi fait & conſtitué leur Procureur ledit Me Charles le Roy, Procureur au Chaſtelet de Paris, à l'effet déclaré en icelle procuration, & generalement, promettant, obligeant. Fait & paſſé ès Etudes des Notaires ſouſſignez, les jours & ans deſſuſdits, & ont leſdits du Creux & de ſaint Denys ſigné la minutte des préſentes, & quant aux autres, declaré ne ſçavoir ſigner. Signé, GOSMER & LE VASSEUR.

Collationné à l'Original, ce fait rendu par les Notaires ſouſſignez, l'an 1608 le 22 Septembre.
Signé, HAGUENIE & DOURNEL.

Sentence

Sentence du Prevôt de Paris qui homologue ladite
Déliberation.

Du 14 Avril 1604:

A Tous ceux qui ces prefentes Lettres verront, Jacques Daumont, Chevalier Baron de Chappes, Sieur d'Un le Palteau, Confeiller du Roy, Gentil-homme ordinaire de fa Chambre, & Garde de la Prevofté de Paris : Salut fçavoir faifons, qu'aujourd'huy fur la Requefte à Nous faite & baillée par efcrit par les Jurez Doreurs fur fer, cuivre, latton de cette Ville de Paris ; à ce que pour éviter au grand & affirmé nombre des Maiftres qui font en cette Ville, au moyen duquel les uns pour les autres ils ne peuvent gagner leur vie, de forte qu'aucuns font contraints prendre autres vacations, les autres reduits quafi à mandicité, ce qui advient par le grand nombre d'apprentys qui fe font audit meftier, par lefdits Maiftres de 5. ans en 5. ans, après lefquels expirez ou peu de tems après lefdits apprentys font receus Maiftres, n'eftant leur cas qu'un enrichiffement de befongne au'plaifir des Grands, pour à quoi obvier nous auroient prefenté Requefte, en vertu de laquelle ils auroient fait appeller pardevant Nous tous les Maiftres dudit meftier, pour eftre ouys & donner advis fur le réquifitoire defdits Jurez, qui étoit, à ce que dorefnavant les Maitres dudit métier ne puiffent avoir qu'un apprentif en dix ans, & que les Maitres qui feront en après receus ne puiffent prendre apprentys que dix ans après leur réception, fors & excepté les enfans des Maitres, qui jouyront de pareils privileges que leurs peres, tous lefquels, ou la plufpart d'iceux auroient accordé pardevant le Vaffeur & Chappelain Notaires, le 31 & dernier jour de Mars dernier paffé & autres, pardevant le Procureur du Roy en la Cour de ceans, la requête & réquifitoire defdits Jurez, laquelle avoit été empê-chée par Noël Thiverny, Blaife Auger, Jean Science & Jean Pertuifa ; furquoy Nous, veu les Ordonnances dudit

B

meftier, requefte préfentée par lefdits Jurez aux fins que
deffus, confentement paffé par tous les Maiftres dudit meftier,
tant pardevant Chappelain & le Vaffeur Notaires, que Procureur du Roy, excepté lefdits Thiverny, Auger, Science,
Pertuifa. Advis dudit Procureur du Roy du 13 du prefent
mois, ayant efgard au requifitoire defdits Jurez ; & en faifant
droict, Ordonnons que dorefnavant les Maiftres dudit meftier de Doreur fur fer, cuivre & latton de cette Ville, ne
pourront avoir qu'un apprenty en dix ans, & que les
Maiftres qui feront cy-après receus audit meftier ne pourront prendre apprentys que de dix ans après leur reception,
excepté les enfans defdits Maiftres, lefquels étant receus
jouiront de pareils privileges que leurs peres, & ce nonobftant l'oppofition & empefchement defdits Thiverny, Auger,
Science & Pertuifa, lequel Reglement fera annexé avec les
Ordonnances dudit meftier, & inviolablement gardé & ob-
fervé par tous les Maiftres d'icelui, avec lefdites Ordonnances, à peine de trente livres parifis d'amende, En témoin de ce nous avons fait méttre à ces prefentes le fcel de
ladite Prevofté de Paris. Ce fut fait par noble homme Maiftre
Anthoine Ferrand Confeiller du Roy, & Lieutenant Par-
ticulier de la Prevofté & Vicomté de Paris, le Mercredy
quatorziéme jour d'Avril 1604. Signé, DROVART.

*Arrêt du Parlement qui confirme la Déliberation ci-
devant, auffi bien que la fufdite Sentence, & en ordonne l'execution.*

Extrait des Regiftres du Parlement. Du 8 Fevrier 1607.

VEU par la Cour là Requefte à elle prefentée par Martin Merandelle, Jean Lignier, Jean Petit & Jean Vallée, Maiftres Doreurs fur fer, cuivre & latton, à prefent
Jurez dudit Meftier en cette Ville de Paris ; par laquelle attendu que par le moyen des Lettres de Maiftrife qui ont été

données depuis quinze & vingt ans, il a esté fait grande quan-
tité de Maistres, lesquels chacun d'eux auroient pris un apprenty, & auroient tellement augmenté le nombre, que les
uns pour les autres ne peuvent vivre ni gagner leur vie, mes-
mes aucuns sont contraints & reduits à mandicité; c'est pour-
quoy pour conserver leurdit mestier, ils se feroient assemblez
& seroient demeurez d'avis d'un commun accord, que dores-
navant nul Maistre dudit mestier ne prendrons qu'un apprenty
dans le temps & espace de dix ans, & que les compagnons
& autres qui ne sont encore receus Maistres audit mestier ne
pourront prendre aucun apprenty que de dix ans après le jour
de leur reception, après lequel temps ils pourroient avoir &
prendre un apprenty de dix ans en dix ans : Ce qui auroit
esté arresté en leur compagnie, pour demeurer statuts au
Corps dudit mestier, & suivant ce auroient baillé leur Requeste au Prevost de Paris, lequel ouy le Substitut, le Procureur General du Roy avoir donné Sentence du 14 Avril
1604 confirmative dudit advis, ils requeroient que ladite
Sentence sera regiftrée au pied des statuts dudit mestier véri-
fiée en ladite Cour le 9 Juillet 1586. pour demeurer incor-
porée à leurs statuts dudit mestier pour le bien public ; veu
aussi les Lettres de confirmation des statuts du mestier desdits
Supplians, l'autre fait en l'assemblée des Maistres dudit mestier du 31 Mars 1604. le Jugement du Prevost de Paris ou
son Lieutenant, contenant homologation d'icelui du 14 Avril
ensuivant : Conclusions du Procureur General du Roi, Et
tout consideré. LADITE COUR a ordonné & ordonne, que le
contenu en ladite Sentence du 14 Avril sera adjousté par
forme d'article aux statuts desdits Jurez Doreurs, verifiez en
ladite Cour le 9 Juillet 1586. FAIT en Parlement le huit
Fevrier 1607. Signé TIERLEMENT.

*Collationné à l'original, ce fait rendu par les Notaires soussignez l'an
1608. le 29. Septembre.*

Signé, HAGUENYE, & DOURNEL.

Nfuivent les Articles, Statuts & Ordonnances que les Doreurs fur fer, fonte, cuivre & latton en ladite Ville de Paris: Supplient la Majefté du Roi leur confirmer, ratifier & approuver par Edict, Statuts & Ordonnances Royaux, pour eftre gardez & obfervez, pour éviter aux mal-façons, fauffes & abus qui fe commettent chacun jour audit meftier.

ARTICLE PREMIER.

Premierement que tous Ouvriers dudit Meftier de Doreur fur fer, fonte, cuivre & latton, qu'à prefent en befognent en cette Ville de Paris & Fauxbourgs d'icelle, feront receus & paffez Maîtres s'ils le requierent, pourveu que dès long-temps ils ayent befogné dudit eftat, & qu'à ce moyen ils en foient bons ouvriers; pour quoi montrer feront tenus chacun l'un après l'autre de faire chef d'œuvre dudit meftier, pour connoiftre de leur fuffifance.

II. Nul ne fera dorefnavant receu à ladite Maiftrife dudit meftier de Doreur fur fer en ladite Ville & Fauxbourgs de Paris, s'il n'a efté apprenty fous les Maiftres d'icelui, le temps & efpace de cinq ans entiers, ou bien s'il n'a fervi lefdits Maiftres audit eftat le temps & efpace de cinq ans.

III. Auparavant que bailler par les Jurez chef-d'œuvre, à ceux qui voudront afpirer à ladite maiftrife, iceux Jurez feront tenus de s'enquerir de leur bonne vie, meurs, par les Maiftres, lefquels ils auront fervi, ou fait leur apprentiffage, pour felon leur rapport qu'ils en auront, ordonner chef-d'œuvre, ou les en refufer.

IV. Lequel chef-d'œuvre après ladite inquifition faite, feront tenus les compagnons qui afpireront à ladite Maiftrife, faire en la maifon de l'un defdits Jurez, tel qu'il fera advifé, & icelui fait & parfait, en feront lefdits Jurez leur rapport en la Chambre du Procureur du Roi audit Chaftelet dedans vingt-quatre heures, lequel après fera faire le ferment pour ce deu & accouftumé, à ceux qui auront efté rapportez fuffifans, & payera celui qui fera receu Maiftre à ladite maiftrife, vingt fols parifis au Roi, & aufdits Jurez pour leurs peines, falaires & vacations, pour avoir affifté à voir faire ledit

chef-d'œuvre, tel falaire qui leur eft par les Ordonnances
& Arrêts de la Cour ordonné, fans que lefdits Jurez puiffent
exiger, ou prendre, encore qu'il leur fuft offert, autres droiêts,
fur peine de privation de l'eftat & du quadruple.

V. Nul ne pourra faire faiêt de Maiftre dudit eftat, en
cette Ville & Fauxbourgs, & dreffer ouvrier dudit meftier
en ladite Ville & Fauxbourgs, s'il n'a efté inftitué & receu
Maiftre audit meftier, par la forme & maniere deffus déclarée.

VI. Item, que dorefnavant chacun defdits Maiftres ne
pourra avoir plus d'un apprenty, lequel il ne pourra prendre à moindre temps que de cinq ans ; & auparavant que le
mettre en befogne, fera tenu faire obliger pardevant deux
Notaires, fur peine de quarante fols parifis d'amende; toutefois fur la derniere année de l'apprentiffage de fon apprenty
en pourra prendre un autre.

VII. Seront tenus lefdits Maiftres quinze jours après qu'ils
auront fait obliger leurfdits apprentys, les faire enregiftrer
en la Chambre du Procureur du Roi, lefdits Jurez dudit meftier, à ce voir faire appellez, & payeront lefdits Maiftres
pour leurfdits apprentys, quatre fols parifis pour la Confrairie, fur peine au contrevenant, & qui n'auroit dans ledit
temps fait ce que deffus, de quarante fols parifis d'amende au
Roi.

VIII. Les enfans defdits Maîtres feront receus à la maiftrife, en faifant quelque expérience legere, tel qu'elle leur
fera divifée par les Jurez, pour montrer de leur fuffifance, &
leur pourront leurs peres apprendre leur meftier, fans qu'ils tiennent à leurs peres lieu d'apprenty, outre
pardeffus lefquels Maiftres pourront avoir un apprenty en la
forme qu'il eft dit cideffus ; toutesfois fi lefdits enfans des
Maiftres apprenoient leurdit meftier ailleurs qu'en la maifon
de leur pere, ils tiendront lieu d'apprenty ; & en tout cas,
foit en la maifon de leur pere ou d'autre, feront apprentiffage de cinq ans, auparavant que pouvoir afpirer à ladite
maiftrife.

IX. Les Veuves des Maiftres tant qu'elles fe contien-
dront en viduité, jouyront de pareils privileges que leurs
marys vivans: mais fi elle fe remarient en feconde nopces elles

perderont ledit privilege, & ne pourront s'entremettre dudit estat, mais seront tenues de fermer leurs boutiques, sur peine de quarante sols parisis d'amende.

X. Ne pourront les Maistres dudit mestier colleporter leurs ouvrages par les Villes & Fauxbourgs, hostelleries de Paris, iceux exposans en vente, mais les vendront en leurs ouvroüers, sinon qu'ils en eussent esté requis par les Bourgeois, Marchands forains de leur en porter en leur logis ou hostellerie sur pareilles peines.

XI. Nul Maistre dudit mestier ne pourra faire ni vendre aucun ouvrage qu'il ne soit bien & deuëment fait, sur peine de confiscation desdits ouvrages, & de dix livres parisis d'amende pour la premiere fois, & de plus grande amende pour la seconde fois, à la discretion de la Justice.

XII. Feront lesdits ouvriers tous ouvrages de Doreur & Damasquineur sur fer, fonte, cuivre & latton, & pourront dorer corcelets, morions, harquebuses, fournimens d'icelles, espieux, espiez, esperons, mors selles de chevaux & chanfrain, fers de ceintures, gardes d'espées & de dagues, & damasquiner toutes sortes d'ouvrages.

XIII. Nul ne pourra dorer d'or moulu, ni d'or haché, ni dorer d'or de feuille, ni d'argent de feuille, ni damasquiner, ni ciseler sur fer, fonte, cuivre & latton, sinon les Maistres Doreurs Damasquineurs Ciseleurs.

XIV. Les forains qui ameneront ouvrages dudit Mestier, ne pourront iceux vendre ni exposer en vente en cettedite Ville, que premierement lesdits ouvrages n'ayent esté veus & visitez par lesdits Jurez, sur peine d'amende arbitraire : mais aussi seront tenus iceux Jurez, toutes poses laissées, d'aller visiter lesdits ouvrages là où ils seront arrivez, si tost qu'ils en seront advertis par le Marchand forain, ou autre de par lui, sur pareille peine, & de payer l'interest & sejour du Marchand.

XV. Ne pourront les Jurez dudit mestier intenter ni commencer un procez, touchant le Reglement fait & Police dudit mestier, sans pareillement advertir la Communauté, ou six personnes d'icelle, & ce sur peine ausdits Jurez, de perdre tout ce qu'ils y mettront ou y auront mis, & de porter l'evenement du procez en leurs noms.

XVI. Dorefnavant lefdites femmes vefves dudit meftier, lefquelles pendant leur viduité, befongneront & tiendront ouvroüers d'icelui meftier, ne pourront depuis leurdite viduité, prendre ni faire aucuns apprentys qui ayent la franchife dudit meftier, telles que dit eft: bien pourront toutefois tenir les apprentys de leurs deffuncts maris, pour le temps qui reftera de leur apprentiflage, pourveu qu'elles ne fe remarient à autres qui foient d'un autre meftier.

XVII. Nul Maiftre dudit meftier ne pourra tenir deux ou plufieurs ouvriers en divers lieux, fur peine de dix livres parifis d'amende.

XVIII. Item, que s'il advenoit qu'aucun Maiftre dudit meftier mariaft fa fille à un Compagnon, qui auroit efté apprenty, ou fervi lefdits Maiftres en noftredite Ville de Paris, ou Faux-bourgs d'icelle, par le temps & efpace de cinq ans, comme deflus eft dit, en ce cas, ledit Compagnon pour fe paffer Maiftre, payera pareille fomme que les enfans defdits Maiftres, à la reception de ladite Maiftrife.

XIX. Item ne pourront les Maiftres dudit meftier bailler à befongner à un eftranger, que préalablement les Compagnons qui auront efté apprentys dudit meftier ne foient mis en befongne, où refufans de ce faire, s'ils le requierent pour mefme pris que l'eftranger.

XX. Pour la confervation des prefentes Ordonnances dudit meftier, y aura quatre Jurez qui feront efleus, changez de deux ans en deux ans, pardevant les Procureurs du Roi, comme les autres Jurez de cette Ville de Paris en chacun meftier, par lefquelles feront faites toutes vifitations à faire audit meftier, tant en la Ville que Fauxbourgs, de Paris, fans que pour vifiter efdits Fauxbourgs, ils foient tenus de demander licence aux Hauts-Jufticiers defdits Fauxbourgs, attendu qu'il eft queftion de Police, de laquelle la connoiffance appartient feulement à notre Prevoft de Paris ou à fes Lieutenans.

XXI. Item pourront lefdits Jurez, fi-tôt & incontinent qu'ils auront efté éleus & inftallé audit eftat de Juré, par

noſtre Procureur audit Chaſtelet , ſe tranſporter devers & ès
maiſons de ceux qu'ils ſçauront & connoiſtront dès à preſent , ſe mêler & faire deſdits ouvrages de leurſdits meſtier ,
& les contraindre d'aller ſervir les Maiſtres dudit métier ,
ou du tout renoncer à icelui meſtier , ſi mieux n'aiment ſe
faire recevoir Maiſtre dudit métier: ce qui leur ſera loiſible ,
& y ſeront receus ſelon & ſuivant les modifications contenuës ci-deſſus

XXII. Que dorefnavant les Maiſtres dudit meſtier de
Doreur ſur Fer , Cuivre & Latton de cette Ville , ne pourront avoir qu'un apprenty en dix ans , & que les Maiſtres qui
ſeront cy après receus audit meſtier , ne pourront prendre
apprentys que dix ans après leur reception , excepté les enfans
deſdits Maiſtres , leſquels eſtans receus , jouyront de pareil
privilege que leur pere.

Le preſent article a eſté ordonné eſtre adjouſté aux Statuts deſdits Maiſtres Jurez dudit meſtier , par Arreſt de ladite Cour , du 8. Février 1607.

Extrait des Regiſtres des Ordonnances Royaux , Regiſtrées en Parlement.
Signé, VOISIN.

Collationné à l'original , en parchemin , ce fait renduë par les Notaires du
Roy , & Garde-nottes en ſon Chaſtelet de Paris , ſouſſignez , ce fait , ledit ori-
ginal , ſigné VOISIN , rendu au porteur le 6 de Mars l'an 1607.
Signé , MAHIEU & MOUFLE.
Collationné à la copie deſdits Mahieu & Mouſte , ce fait , rendu par les Notaires
du Roy noſtre , Sire au Chaſtelet de Paris , ſouſſignez , l'an 1708. le 22 Sept.
Signé AGUENYE & DOUANEL.

L'An mil cinq cens quatre-ving trois , le vingt-ſixiéme
jour d'Avril , en vertu de l'Edit & Ordonnance du Roy
& rolle à moy baillé par noble homme Me Pierre le Gendre ,
Receveur general pour le Roy à faire la recepte des deniers
provenans des Maiſtriſes de tous arts & meſtiers qui s'exercent à préſent en ce Royaume ; ledit Edit publié en la Cour
de Parlement le 7. Mars audit an , Signé du Tillet , & ſuivant l'exprès Commandement du Roy: J'ay André Sallé
Sergent Royal ſous-ſigné , me ſuis tranſporté exprès à la Ville de Paris , en l'hotel & domicile de Noël Thiverny Doreur
ſur Fer , auquel lieu parlant à ſa perſonne , je lui ai fait exprès
Lieutenant

commandement de par le Roi, de porter ou envoyer au logis dudit fieur le Gendre, fcis au Fauxbourg Saint Germain des Prez, rue de Seine à l'enfeigne du Batteau du Roi, dans Sainte Anne, pour toutes prefixions & delais, la fomme de douze Efcus d'Or fol, à quoi il a efté taxé par Monfieur le Lieutenant Civil, Commiffaire deputé par Sa Majefté pour l'execution & établiffement dudit Edit, pour prendre le droit de Maiftrife dont il ufe à prefent en la Ville & Fauxbourgs de Paris, & venir prefter le ferment, pardevant Monfieur le Procureur du Roi pour y eftre receu Maiftre. Et a faute de ce faire ledit temps paffé, fera contraint comme pour les propres deniers & affaires du Roy; Fait l'an & jour deffus-dit.　　　Signé ANDRE' SALE'.

Déclaration du Roy, donnée en faveur de la Communauté des Maîtres Doreurs, Argenteurs, Cifeleurs, &c. Qui les confirme dans le droit d'hérédité des Offices de Syndic Jurez Auditeurs de leurs comptes.

Du 2 Janvier 1706.

LOUIS PAR LA GRACE DE DIEU, ROY DE FRANCE ET DE NAVARRE; A tous ceux qui ces prefentes Lettres verront: SALUT: Par noftre Edit du mois d'Aouft mil fept cens un Nous avons ordonné que tous les Officiers de noftre Royaume dont les Offices font hereditaires ou en furvivance demeureroient maintenus & confirmez dans l'heredité, à la charge de Nous payer par chacun d'eux les fommes pour lefquelles ils feroient compris dans les rolles qui feroient arreftez à ces effet, & les deux fols pour livre d'icelles, qui leur tiendroient lieu d'augmentation de finance, & par Arreft de noftre Confeil du onze Juillet mil fept cens deux, Nous avons ordonné que ledit Edit feroit executé à l'égard des Communautez & Officiers tant de Judicature qu'autres qui ont fait réünir à leurs Corps & Communautez des Offices, Droits ou Taxations hereditaires, nonobftant la prétention où ils eftoient de n'eftre point dans le cas de cette confirmation: En confequence defquels Edit & Arreft les Jurez & Communautez des Maîtres Doreurs fur Fer, Fonte, Cuivre, Laiton & Acier, Ar-

C

genteurs, Damafquineurs & Cizeleurs de noftre bonne Ville de Paris ont efté employez pour la fomme de deux mille
neuf cens foixante dix livres, & les deux fols pour livre, à
caufe des Offices de Syndics Jurez, & d'Auditeurs des comptes de leur Communauté créez ès années mil fix cens quatre vingt onze, & mil fix cens quatre vingt quatorze, dont
Nous leur avons accordé la réünion : & comme par autre
Edit du mefme mois de Juillet mil fept cens deux, Nous
avons créez par chaque Corps des Marchands & Communautez d'Arts & Métiers de noftre Royaume un Tréforier
Receveur & Payeur de leurs deniers communs, lefdits Jurez prenant occafion de ladite taxe de confirmation d'heredité, laquelle ils auroient prétendu tousjours ne pas devoir ;
mais voulant en cela nous marquer leur foumiffion, & con-
fiderant qu'il ne pouvoit y avoir rien de plus avantageux pour
leur Communauté que d'y réünir pareillement ledit Office
de Tréforier avec les taxations & droits qui y font attachez,
& les gages tels qu'il Nous plairoit d'y attribuer, ils Nous
auroient très humblement fait fupplier de leur accorder ladite réünion, & de Nous contenter d'une fomme de quatre
mille deux cens livres de principal, & de quatre cens vingt
livres pour les deux fols pour livre, tant pour la finance dudit Office que pour ladite taxe de confirmation d'heredité,
laquelle propofition & offre, Nous avons bien voulu accepter, & en conféquence avons ordonné par Arreft de noftre
Confeil du vingt quatriéme Mars mil fept cens trois, qu'en
payant par eux lefdites fommes dans certains termes, ils joüi-
roient du benéfice de ladite confirmation, & dudit Office
de Treforier, qui demeureroit uny & incorporé à leur Communauté, avec les droits, privileges & Exemptions y attribuez,& de foixante dix-neuf livres de gages actuels & effectifs par chacun an, à commencer du premier du mois de
Janvier mil fept cent trois, mefme leur avons permis d'emprunter lefdites fommes en tout ou partie, & accordé aux
prefteurs le privilege & hipotheque fpecial fur ledit Office
droits & gages y attribuez, pour l'execution defquelles of-
fres, & attendu qu'ils ne font pas affurez de trouver à emprunter dans le public des deniers fuffifans pour les remplir ,.

comme ils n'ont rien tant à cœur que de nous marquer leur
zele & leur obéïssance à nos volontez, ils croient qu'ils seront obligez de lever par forme de prest sur eux-mesmes,
ce qui leur pourra manquer, laquelle levée ils ne peuvent
faire sans nostre permission; d'ailleurs jugeant necessaire de
pourvoir a ce que les arrerages des sommes qu'ils emprunte-
ront du public ou qu'ils leveront par repartition soient exactement payées & mesme qu'il puisse y avoir de temps à autre du revenant bon pour employer à l'extinction du principal, ce qui ne se peut qu'en imposant quelques droits nouveaux sur les Visites & sur les Receptions, & en se prescri-
vant des Reglements qui les maintiennent dans une exacte
discipline, & empeschent les abus qui détruisent ordinaire-
ment les Communautez les mieux établies, ils ont pris entr'eux sous nostre bon plaisir une deliberation contenant quelques dispositions qu'ils desireroient qu'il Nous plust authori-
ser; & voulant favorablement traiter ladite Communauté
desdits Maistres Doreurs sur Fer, Fonte, Cuivre, Laiton &
Acier, Argenteurs, Damasquineurs & Cizeleurs de nostre
bonne Ville de Paris, leur donner des marques de la satis-
faction que Nous avons de leur obéïssance, & leur faire res-
sentir les effets de Nostre protection: A CES CAUSES, &
autres à ce Nous mouvans, aprés avoir fait examiner en
Notre Conseil ladite deliberation prise en leur Communauté,
ensemble ledit Arrest du vingt-quatre Mars mil sept cens
trois, & de Notre certaine science, pleine puissance & autorité royalle, Nous avons par ces présentes signées de nostre
main, conformément à notre Edit du mois d'Aoust mil sept
cens un, à l'Arrest de nostre Conseil du onze Juillet mil
sept cens deux, & à celui dudit jour vingt-quatre Mars mil
sept cens trois, maintenu & confirmé, maintenons & confirmons ladite Communauté des Maistres Doreurs sur Fer,
Fonte, Cuivre, Laiton & Acier, Argenteurs, Damasquineurs, & Cizeleurs de nostre bonne Ville de Paris, dans
l'heredité de leurs Offices de Syndics Jurez, & d'Auditeurs
de leurs comptes, dont Nous leur avons cy-devant accordé
la réünion, & de la mesme autorité que dessus, avons uni &
incorporé, unissons & incorporons à ladite Communauté

l'Office de Treforier Receveur & Payeur de leurs deniers communs, créé par Edit du mois de Juillet mil fept cens deux, pour joüir par eux des droits, privileges & exemptions y attribuez; & en outre de foixante dix-neuf livres de gages actuels & effectifs par chacun an, à commencer du premier Janvier mil fept cens trois, fans que pour raifon dudit Office ils foient obligez de prendre aucunes Lettres de provifions, ni qu'ils foient cy-aprés tenus d'aucunes taxes de confirmation d'heredité ni autres, dont Nous les déclarons exempts, à la charge de payer par eux tant pour ladite confirmation d'heredité des Offices de Syndics & d'Auditeurs, que pour ledit Office de Treforier, la fomme de quatre mille deux cens livres de principal fur les quittances du Receveur de nos deniers cafuels, & en attendant l'expedition d'icelles, fur les recepiffez de Maiftre Jean Garnier que Nous avons chargé de ce recouvrement, ou de fes Procureurs ou Commis, portant promeffes de les fournir, & de celle de quatre cens vingt livres pour les deux fols pour livre, fur les quittances dudit Garnier, lefdites deux fommes faifant enfemble celle de quatre mille fix cens vingt livres, payable dans les termes portez par ledit Arreft dudit jour vingt-quatre Mars mil fept cens trois, à l'effet dequoi permettons aux Jurez de ladite Communauté de préfent en Charge d'emprunter conformément audit Arreft, ou d'impofer fi fait n'a efté fur tous les Maiftres d'icelle par forme de preft, le plus équitablement que faire fe pourra ladite fomme de quatre mille fix cens vingt livres, & celle de deux cens cinquante livres, pour fournir à la dépenfe defdits emprunts fuivant l'état de repartition qui en fera arrefté par le fieur d'Argenfon Maiftre des Requeftes, Lieutenant General de Police de noftre bonne Ville & Fauxbourgs de Paris, lequel état Nous entendons eftre executé felon fa forme & teneur, & les dénommez en icelui contraints au payement des fommes pour lefquelles ils y feront ou ont efté employez par les voyes, & ainfi qu'il eft accouftumé pour nos deniers & affaires; Voulons que ceux qui prefteront ayent privilege fpecial fur lefdits gages & droits attribuez audit Office de Treforier, comme aufli fur les deniers qui feront levez par augmentation en

confequence des préfentes , & generalement fur tous les
biens, effets & revenus de ladite Communauté, & que les
arrerages leur en foient payez d'année en année à raifon du
denier vingt, & pour donner moyen à ladite Communauté
non-feulement de payer annuellement lefdits arrerages ,
mais encore d'acquitter de temps à autre quelque chofe fur
le principal, en forte qu'elle foit liberée le plus prompte-
ment qu'il fera poffible, comme auffi pour maintenir la dif-
cipline qui doit eftre entr'eux, & empefcher les entreprifes
qui fe font fur leur profeffion, Nous avons par ces mefmes
préfentes dit, ftatué & ordonné, difons, ftatuons & ordonnons, voulons & Nous plaift ce qui s'en fuit.

A R T I C L E I.

Les Apprentifs payeront pour chaque Brevet d'apprentiffage la fomme de vingt livres, au lieu de dix livres qu'ils
payoient cy-devant, & pareille fomme pour chaque tranf-
port de Brevet, lefquelles vingt livres feront payées par les
Maiftres qui obligeront lefdits Apprentifs fauf leur recours
contre eux, conformèment à noftre Déclaration du dernier Avril mil fix cens quatre-vingt onze.

I I.

Les Jurez de ladite Communauté n'appelleront à l'avenir
lors de la reception d'un Afpirant à la Maiftrife , que le
Doyen, douze Anciens, trois modernes, & trois jeunes
Maiftres alternativement fuivant l'ordre du Tableau, aufquels
il ne fera payé outre les droits ordinaires au profit de la
Communauté, fçavoir, par chacun Maiftre qui fera receu
par chef-d'œuvre, que quatre livres à chacun defdits Jurez,
au Doyen & au Clerc ; quarante fols à chacun des douze anciens, & vingt fols à chacun des trois modernes & trois jeunes Maiftres ; & par les Gendres & fils de Maiftres, trois
livres à chacun defdits Jurez, au Doyen & au Clerc, trente
fols à chacun des douze anciens, & quinze fols à chacun des
trois modernes & trois jeunes Maiftres , leur deffendons de
recevoir davantage à peine de concuffion.

I I I

Permettons aux Jurez de ladite Communauté de recevoir
fix Maiftres fans qualité, au prix le plus avantageux à la Com-

munauté, pour eftre les deniers qui en proviendront employez au payement des rentes & autres dettes contractées
pour noftre fervice & non autrement, pour lefquelles receptions feront payez aux Jurez, anciens, modernes & Jeunes
Maiftres, les anciens droits qui fe payent aux receptions par
chef-d'œuvre.

I V.

Deffendons à tous particuliers d'entreprendre fur l'état &
profeffion de Doreurs fur Fer, & autres metaux, ni de col-
porter aucuns ouvrages dependant dudit état, à peine de
confifcation, & de trois cens livres, dont cent livres d'a-
mende applicable à noftre profit, cent livres au dénoncia-
teur, & cent livres à la Communauté; deffendons pareillement à tous Moiftres de ladite Communauté de faire travailler chez eux aucuns ouvriers ny ouvrieres qu'il ne foient
apprentifs de noftre bonne Ville de Paris, fils ou filles de
Maiftres ou Compagnons dudit métier, foit de noftre Ville de Paris, foit des autres Villes de noftre Royaume le tout
conformément aux Sentences & Arrefts.

V.

Il fera à l'avenir tenu un Regiftre par les Jurez de ladite
Communauté, fur lequel feront tranfcrites les deliberations
qui y feront prifes, & tous autres actes concernant les affaires d'icelles, lefquelles deliberations feront fignées par lefdits
Jurez, par tous les anciens, par fix modernes & fix jeunes
Maiftres qui feront mandez fucceffivement à cet effet fuivant
l'ordre du Tableau.

V I.

Voulons que lors qu'il fera procedé aux rembourfements
qui feront faits aux Maiftres qui ont prefté ou prefteront
leurs deniers pour ladite confirmation d'heredité; & ledit
Office de Tréforier, il foit commencé par ceux defdits Maiftres qui auront les premiers payé leur cotte part en entier,
fuivant les dates des quittances finales qu'ils en apporteront.

V I I.

Et d'autant qu'ils eft du bien public que la police de noftre bonne Ville de Paris, & des Fauxbourgs foit uniforme &
obfervée également, permettons aux Jurez de ladite Com-

munauté de faire leurs visites dans les maisons des Doreurs du Fauxbourg saint Antoine, de l'enclos du Temple, de saint Denis de la Chartre, de saint Jean de Latran, de l'Abbaye saint Germain des Prez, ruë de l'Oursine, & autres lieux Privilegiez ou prétendus tels, de notredite Ville & Fauxbourgs, comme aussi dans les maisous de ceux qui exercent ladite profession de Doreurs à titre de privilege du Prevost de nostre Hostel ou autrement, mesme en cas que lesdits Jurez trouvent dans lesdits lieux privilegiez des Doreurs ayant dans leurs boutiques ou maisons ouvrages dorez & argentez de la qualité de ceux dont l'usage & le commerce est deffendu par nos Ordonnances, leur enjoignons d'en faire dresser un procez verbal, & ensuite leur rapport à nos Officiers du Chastelet; ne pourront néanmoins lesdits Jurez prétendre aucuns droits de visites sur lesdits Doreurs à titre de privilege, ny de ceux qui exercent ladite profession dans lesdits lieux privilegiez, à moins que lesdits Doreurs ne fussent aussi Maistres de ladite Communauté.

Article V I I I. & dernier.

Voulons au surplus que les Statuts, Articles & Ordonnances concernant ladite Communauté des Maistres Doreurs sur Fer, Fonte, Cuivre, Laiton & Acier, Argenteurs, Damasquineurs & Cizeleurs de nostredite Ville & Fauxbourgs de Paris, ensemble les Declarations, Arrests & Reglemens rendus en censéquence en faveur de ladite Communauté soient executés selon leur forme & teneur. Si donnons en mandement à nos amez & feaux Conseillers les Gens tenans nostre Cour de Parlement à Paris, que ces présentes ils ayent à faire lire, publier & regiftrer, & du contenu en icelles faire joüir & user lesdits Maistres Doreurs sur Fer, Fonte, Cuivre, Laiton & Acier, Argenteurs, Damasquineurs & Cizeleurs de nostredite Ville & Fauxbourgs de Paris, selon leur forme & teneur: car tel est notre plaisir, en témoin de quoi Nous avons fait mettre nostre scel à cesdites presentes, données à Versailles le second jour de Janvier l'an de grace mil sept cens six; & de nostre Regne le soixante-troisième. LOUIS. Par le Roy, PHELYPEAUX.

Vû au Conseil CHAMILLART.

Regiſtrées oüi le Procureur Général du Roy, pour joüir par ladite Com-
munauté de leur effet & contenu, & eſtre executées ſelon leur forme & te-
neur, ſuivant & aux charges portées par l'Arreſt de ce jour. A Paris en
Parlement le ſeptiéme Juin mil ſept cens ſix.

Signé Du TILLET.

Délibération faite en l'Aſſemblée générale de la Com-
munauté des Maîtres & Marchand Dorcurs, &c.
Qui regle la maniere dont les deniers de ladite Com-
munauté doivent être regis, tant par les deux Jurez
Comptables, pendant la ſeconde année de leur Jurande
pour ce qui regarde les droits de ladite Communauté,
que par les deux Jurez nouveaux entrans, pendant la
premiere année de leur Jurande, pour les deniers &
revenus de la Confréric de la même Communauté.

Du 10 Novembre 1738.

EN l'Aſſemblée Génerale de la Communauté tenue au
Bureau d'icelle, & convoquée en la maniere accoutumée, où étoient pluſieurs Anciens, Modernes & Jeunes,
en nombre ſuffiſant & compoſant ladite Communauté, les
ſieurs Eſtienne Meſlin, Denis-Joſeph Dubaux, Guillaume
Paſſevin, & Claude Gambier, tous quatre Jurez de préſent en Charge de ladite Communauté, ont répréſenté qu'il
y a entre les mains des ſieurs Philippes Boudin, & André-
Loüis Charrié Anciens Jurez derniers ſortis de Charge, &
entre les mains deſdits ſieurs Meſlin & Dubaux Anciens des
quatre Jurez à préſent en Charge, une ſomme de ſix mille
cent deux livres dix-huit ſols ſix deniers de reliquat de leur
compte de Jurande, de laquelle il conviendroit faire un emploi au profit de ladite Communauté à conſtitution de Rente
ou autrement, ainſi qu'il ſera aviſé par la Communauté; leſdits ſieurs Jurez en Charge ont auſſi repreſenté, que la maniere

niere dont les deniers & droits de ladite Communauté se
sont perçûs jusqu'à présent apportent beaucoup d'embarras
dans la reddition des Comptes des Jurez, qui jusqu'à présent
ont perçus tous les quatre ensemble les deniers & droits ap-
partenants à ladite Communauté, & qu'il seroit plus expe-
diant, que les Jurez sortans de Charge payassent le reliquat
de leur Compte entre les mains des quatre Jurez en Charge,
qui mettroient à l'instant ledit reliquat de compte rendu
dans un Coffre fort fermant à differentes clefs, qui reste-
roient dans le Bureau de ladite Communauté, jusqu'à ce
qu'il se trouvât dans ledit Coffre deniers suffisans pour faire
un emploi convenable ; que les deux Anciens Jurez en
Charge recevroient seuls à l'avenir & toucheroient sur leur
seules quittances les droits & revenus de ladite Communauté, pendant la seconde année de leur exercice, & que les
nouveaux Jurez pendant leur premiere année d'exercice
toucheroient seuls sur leurs quittances les droits de Confrérie
seulement, de ladite Communauté, dont seroit rendu compte à la fin de chaque année d'exercice, & les reliquats mis
dans ledit Coffre fort, & lesdits sieurs Jurez en Charge ont
prié lesdits sieurs Anciens Modernes & Jeunes de déliberer
sur les représentations cy-dessus, & donner leurs avis pour le
bien & l'avantage de ladite Communauté, offrant lesdits
sieurs Boudin & Charrié, Meslin & Dubaux, à représenter
& payer les deniers qu'ils ont actuellement entre les mains,
en arrêtant par la Communauté & signant leurs comptes en
la maniere ordinaire. Et après avoir par les Anciens Modernes & Jeunes Assemblés comme dessus murement déliberé
sur le tout, & pris conseil, la Communauté a unanimement
déliberé & arrêté & est d'avis, sous le bon plair de Monsieur
le Lieutenant General de Police, que les quatre Jurez en
Charge se donneront les soins nécessaires pour trouver à
employer valablement les deniers de ladite Communauté,
jusqu'à la concurrence d'une somme de six mille livres ; que
lorsqu'ils auront trouvé un employ qu'ils estimeront convenable & seur, ils en feront un rapport à ladite Communauté, de l'avis de laquelle Communauté les quatre Jurez
en Charge seront autorisez spécialement à placer ladite som-

D

me de fix mille livres avec les furetez convenables, & à
paffer, figner & accepter tous actes que befoin fera ; comme auffi en attendant que ledit emploi puiffe fe faire au
profit de ladite Communauté, a été unanimement déliberé
& arrêté, que fuivant l'ancien ufage de ladite Communauté,
lefdits fieurs Boudin & Charrié remettront lors de l'arrêté de
leur compte, qui fera fait inceffamment après l'homologation de la préfente Déliberation, les deniers dont ils font
reliquataires, entre les mains des fieurs Paffevin & Gambier
nouveaux Jurez en Charge, qui s'en chargeront conjoin-
tement, folidairement avec lefdits fieurs Meflin & Dubaux,
pour tous quatre les dépofer à l'inftant dans un Coffre fort,
qui fera à cet effet achetté aux dépens de la Communauté,
qui fermera à trois clefs, dont l'une fera mife entre les mains
du Doyen de ladite Communauté, une autre entre les mains
de l'Ancien des quatre Jurez, & la troifiéme entre les mains
d'un Ancien Moderne, lequel Coffre fort reftera dans le
Bureau de lad. Communauté ; comme auffi la Communauté a
déliberé & arrêté qu'à l'avenir, des quatre Jurez en Charge,
il n'y en aura que les deux Anciens qui pendant leur feconde
année d'exercice, recevront feuls & fur leurs feules quittances, tous les droits & revenus de ladite Communauté généra-
lement quelconques, à l'exception des droits de Confrérie, lefquels droits de Confrérie feront touchez & perçus par les deux
nouveaux Jurez entrans en Charge fur leurs fimples quittances,
dont du tout fera rendu compte à la fin de chaque année, & les
reliquats, fi aucuns y a, entre les mains des rendans compte, feront par eux payez comptant & mis à l'inftant dans ledit Coffre
fort, & lorfqu'il fe trouvera dans ledit coffre fort deniers fuffifans, en fera fait un employ par lefdits fieurs Jurez au profit
de ladite Communauté, par Délibération d'icelle. Et pour
faire homologuer la préfente Déliberation, la Communauté
affemblée comme deffus, a autorifé lefdits fieurs Jurez, en
Charge, & ceux qui leur fuccederont, de préfenter au nom
de ladite Communauté & lefdits fieurs Jurez, Requête à
Monfieur le Lieutenant Géneral de Police, & donne par
ces préfentes plein & entier pouvoir à Me Pierre Formentin l'aîné Procureur au Châtelet de Paris & de ladite Com-

munauté, de faire tout ce qui fera néceſſaire pour obtenir l'homologation des préſentes, & les frais qui ſont & ſeront faits pour raiſon de ce, ſeront allouez en dépenſes dans les comptes deſdits ſieurs Jurés ſans difficulté. Fait & arrêté au Bureau de ladite Communauté aſſemblée comme deſſus, leſdits jour & an que deſſus, & ont ſigné. Signé, Meſlin, Dubaux, Paſſevin, Gambier, Gannat, M. Harlau, Barbier, Touroude, P. Baron, Rabut, F. M. Harlau J. B. Malvaux, Dubois, Ligois, le Beuf, P. Boudin, A. L. Charié, J. H. L. Rapinat, C. C. Moreau, Charpentier, Nicolas Boutet, Paul, N. Harlau, de Flandre, J. B. Gambier, Cheron, Rouſſeau, Piettre, Charié, Fauquet, Rouſſeau, Jacques Revel, Brugniot, Eſtienne Tricot, Cheron, J. de la Haye, Claude le Clerc, S. C. Cœur-de-Roy, Marneuf, Jouanet, le Maire, Perard, l'Amiral, le Lievre, Thierry, Mercier, Cantien du Vivier, J. Wallet, de Flandres, Louis Jean, Meſlant, Vincent Compoint, Maurer, Gobert, Pilon, I. richart, Grognet, Dubelay, Meneſſier, Cottelle, P. R. Zerde, Claude Maugé, le Mire, Charbonnier, Jean-Louis Couder, Hirault, Nicolas-Germain Ferret, Nicolas Collié, Morenviller, Vanier, P. Benoiſt, A. Dervillié, Duclon, Capelan, Paris, Lambert, Perot, Manglar, Duclon, Adry, Pontieu, Chretien, Gillet, Roze l'Ecouflet, J. B. R. Demellié, l'Enfant, Boudet, A. Cheron, P. de Lamarre, N. de Lamarre, J. B. Mary, Hebert, Berrurier, N. le Beuf, C. Marthe, Famin, M. Durand, Bonfilliou, J. T. Bonſergent, Morel, Sennevez fils, Santier, Ricard, C. F. Hanique, Jacques Vallée, G. Vallée, L. Depenſier, le Brun, Noël de la Faye, le Beuf & en marge eſt écrit, controllé à Paris le trois Decembre mil ſept cent trente-huit.

Signé, BLONDELU.

Collationné par les Conſeillers du Roy Notaires à Paris, ſouſſignés, ſur l'Original de ladite Délibération & autres, enſuite de pluſieurs autres, contenuës en un Regiſtre couvert de parchemin, commencé le vingt-quatre Octobre mil ſept cens trente, & ſervant à enregiſtrer les Comptes de ladite Communauté des Maîtres Doreurs, Argenteurs & Cizeleurs ſur Métaux à Paris, & les Maîtres reçus en icelle, & autres

Déliberations concernant ladite Communauté, reprefenté & à l'inftant rendu ce jourd'huy trois Décembre mil fept cent trente-huit. Signé G I L L E T, & G U E R I N, avec Paraphe.

Sentence qui homologue la précedente Déliberation.

Du 18 Decembre 1738.

A TOUS ceux qui ces prefentes Lettres verront, Gabriel-Jerôme de Bullion, Chevalier Comte d'Efclimont, Seigneur de Wideville & autres lieux, Maréchal des Camps & Armées du Roy, fon Confeiller en fes Confeils, Prevoft de Paris. Salut fçavoir faifons que; Vû par Nous René Herault, Chevalier Seigneur de Fontaine l'Abbé, Vaucreffon & autres lieux, Confeiller d'Etat, Lieutenant Général de Police de la Ville Prévofté & Vicomté de Paris, la Déliberation de la Communauté des Maîtres Doreurs, Argenteurs & Cizeleurs fur tous Métaux de la Ville & Faubourgs de Paris, en date du dix Novembre dernier, la Requête à Nous préfentée par ladite Communauté, & les Jurez de préfent en Charge d'icelle, ladite déliberation faite en l'affemblée génerale de ladite Communauté, tenue au Bureau d'icelle & convoquée en la maniere accoutumée, ladite Déliberation fignée de plus de cent-dix Maîtres, Anciens Modernes & Jeunes, controllée le trois du préfent mois, de laquelle copie collationnée ledit jour trois de ce mois par Guerin & Gillet Notaires au Châtelet de Paris, & annexée à la Minute des préfentes, tendant à ce qu'il nous plût homologuer ladite Déliberation pour être executée, gardée & obfervée par tous les Maîtres préfens & à venir de ladite Communauté, felon fa forme & teneur, & qu'à cette fin la Sentence qui interviendroit fur ladite Requête feroit tranfcrite dans le Regiftre des Déliberations de ladite Communauté, & icelle, & notre Sentence imprimée à la diligence des Jurez, pour être notifiée à tous les Maîtres préfens & à venir de la-

dite Communauté, ladite Requête signée Formentin, au bas
de laquelle est notre Ordonnance de soit montrée au Procureur du Roy, en date du cinq dudit présent mois, ses Conclusions étant ensuite, en date du quinze dudit présent mois.
Tout vû & consideré. Nous, du consentement du Procureur
du Roy. Disons que ladite Déliberation est & demeure homologuée pour être executée selon sa forme & teneur ; à
l'effet de quoi permettons aux Supplians de faire transcrire
sur les Registres de ladite Communauté, la présente Sentence,
& de faire imprimer lesdites Déliberation & Sentence, pour
être Affichée dans le Bureau de ladite Communauté, & en
être distribué des Exemplaires à tous les Maîtres d'icelle ; ce
qui sera executé nonobstant & sans préjudice de l'appel. En
témoin de ce nous avons fait sceller ces présentes, qui furent
faites & données par Nous Juge susdit, le dix-huit Decembre mil sept cens trente-huit, Collationné signé, CUYRET,
avec paraphe, & scellé le vingt-quatre Décembre mil sept
cens trente-huit. Signé S A U V A G E.

*Déliberation faite en l'Assemblée de la Communauté des
Maîtres & Marchands Doreurs Argenteurs, &c.
Pour faire un nouveau Reglement, pour les Compa-
gnons & Apprentifs dudit métier.*

Du 18 Decembre 1738.

LES Doyen, Anciens Modernes, & jeunes Maîtres de
la Communauté des Maîtres Doreurs & Argenteurs &
Cizeleurs, sur Metaux, à Paris assemblés au Bureau en la
maniere accoutumée, les sieurs Jurés en charge ont representé ; qu'ils avoient eu avis & reçû plusieurs plaintes des
Maîtres, contre les Compagnons dudit métier qui s'assem-
blent journellement, & font des cabales entr'eux : & not-
tament le Dimanche, quatorze du présent mois, dans un
Cabáret Cour du Palais, au sortir d'une prétendue Confrai-

rie qu'ils ont établie en l'Eglife de fainte Genevieve des Ar-
dens de cette Ville, où ils étoient environ trente, & ont
deliberé entr'eux de ne plus travailler chez les Maîtres dudit
métier, qu'aux heures prix & conditions dont ils font con-
venus. Comme un pareil procedé eft contraire aux Statuts
& Reglemens de la Communauté, & au bien public, que
d'ailleurs il y a des Compagnons dudit métier qui ne fçavent
pas travailler de tous les differens ouvrages qui en dépendent,
les uns ne faifant que dorer, les autres argenter, & les autres cizeler, ce qui fait qu'on leur donne differens prix fuivant les ouvrages qu'ils fçavent faire, les uns gagnant plus &
les autres moins, par conféquent il ne feroit pas jufte que
le plus foible gagnât autant que le plus fort ; c'eft pourquoi
lefdits fieurs Jurez prient & requierent la Compagnie de déliberer & donner leur avis afin de faire un nouveau Reglement à ce fujet.

Sur quoi la Communauté affemblée comme deffus a d'une
commune voix deliberé & arrêté, qu'il fera inceffamment pré-
fenté Requête à Monfieur le Lieutenant Général de Police
au nom defdits fieurs Jurez & Communauté par le miniftere
de Me Pierre Formentin l'aîné, Procureur au Châtelet de
Paris, pour voir dire & ordonner, fous fon bon plaifir
1°. Quele Statuts & Reglements de la Communauté, feront executés felon leur forme & teneur, en confequence
que deffenfes feront faites à l'avenir à tous Compagnons
dudit métier de faire aucunes Affemblées tant generales que
particulieres en quelqu'endroit que ce foit, à peine de cinquante livres d'amande au profit de l'Hopital, & d'être d'é-
chus du droit de pouvoir parvenir à la Maîtrife, même que
leur prétendue Confrairie fera fupprimée; comme auffi que
pareilles deffenfes leur feront faites, fous les mêmes peines, de fe retirer dans aucun lieu Privilegié, & que ceux
qui travaillent en chambre feront tenus de fe retirer inceffamment chez les Maîtres, & qu'il fera permis de les faire
emprifonner en cas de contravantion. 2°. Que lorfqu'un
Compagnon travaillera chez un Maitre, il ne pourra en for-
tir fans fon confentement verbal ou par écrit, finon en l'a-
vertiffant quinze jours auparavant pour ceux qui travaille-

ront au mois, où à la journée, à peine de dix livres d'a-
mande au profit de la Confrairie de ladite Communauté.
3.°. Que les Maîtres ne pourront donner à travailler aufdits
Compagnons qu'il ne leur foit apparu de leurs Brevets d'ap-
prentifages, ni les recevoir à leurs fervices, fi ce n'eft du
confentement des derniers Maîtres qu'ils auront fervis à qui
ils feront tenus d'en demander la permiffion, fi ce n'eft que
le Compagnon ne leur repréfentât ledit confentement par
écrit, comme il eft dit ci-deffus, à peine contre les Maîtres
de dix livres d'amande applicable au profit de la Confrairie
de ladite Communauté; & pour faire homologuer la préfente Déliberation par tout où befoin fera, ladite Communauté affemblée comme deffus donne pouvoir aufdits fieurs
Jurés & à ceux qui leur fuccederont de faire tous les débour-
fés néceffaire à ce fujet, qui leur feront alloués en dépenfes,
dans leur compte fans difficulté. Fait & arrêté audit Bureau
lefdits jour & an que deffus; & ont figné, excepté les fieurs
André, Lemaire, & Jean Charbonier, Ancien & Moderne,
qui ont declaré ne fçavoir écrire n'y figner de ce interpellés,
figné Arnoul Heron, M. Harlau, Lecefne, Perichart, l'E-
couflet, F. M. Harlau, Harlau, Dubois, J. B. Malvaux,
Ligois, Ligois, P. Boudin, Jean Bary, S. Canot, J. B. Autin, Lebas, Pierre C. Vanier, Lefranc, Durand, Roulle,
Marguillier, C. M. Harlau, Duclon, N. Lebeuf, Adry,
Royauton Dubois, Pierre Benoift, Manglard, Meneffier,
Lauriau, Nicolas Boutet, Charpentier, Fauquet, Meflin,
Paffevin, Gambier, J. J. Maugé, P. Baron, L. Depenfier,
Bourguin, Vigoureux, Tricot, Perard, Wallet, Cottelle;
Dubaux, Barbier, N. Autin, F. M. Dobo, Hardy, C. F.
Hanique, Thierry, Lebeuf, Touroude, & Louis Jean avec
paraphe. Et en marge eft écrit, controllé à Paris le vingt-
neuf Janvier 1739. Signé BLONDELU.

Sentence qui homologue la Déliberation ci-deſſus.

Du 10 *Mars* 1739.

A TOUS ceux qui ces préſentes Lettres verront **Ga-briel-** Jerôme de Bullion, Chevalier Comte d'Eclimont Seigneur de Wideville & autres lieux, Marechal des Camps & Armées du Roy, ſon Conſeiller en ſes Conſeils, Prevôt de Paris, ſalut ſçavoir faiſons, que vû par nous René Herault, Chevalier Seigneur de Fontaine l'Abbé Vaucreſſon & autres lieux, Conſeiller d'Etat, Lieutenant Géneral de Police de la Ville Prevôté & Vicomté de Paris, la Déliberation de la Communauté des Maîtres Doreurs du dix-huit Decembre dernier, faite en l'aſſemblée tenue au Bureau d'icelle Communauté convoquée en la maniere ordinaire, ladite Deliberation ſignée de plus de ſoixante Maîtres Anciens Modernes & Jeunes, controllée le vingt-neuf Janvier dernier, & d'une Copie Collationnée ledit jour par Champia & Gillet Notaires au Châtelet de Paris, & annexée à la minute des préſentes, ladite déliberation faite à l'occaſion des frequentes aſſemblées, & de la prétendue Confrérie des Compagnons du métier de Doreur, la Requête à nous preſentée par ladite Communauté, & les Jurés de preſent en charge d'icelle, à ce qu'attendu ce que deſſus, il nous plût homologuer ladite Déliberation pour être executée, gardée & obſervée par tous les Maîtres & Compagnons preſens & à venir de ladite Communauté, ſelon ſa forme & teneur, ſous les peines y portées, & telles autres qu'il appartiendra, & qu'à cette fin la Sentence qui interviendra ſur ladite Requête ſera tranſcrite dans le Regiſtre des Déliberations de ladite Communauté, & icelle & notre Sentence imprimées à la diligence des Jurés pour être notifiée à tous les Maîtres préſens & à venir de ladite Communauté, être affichée dans le Bureau d'icelle, & en être diſtribué des exemplaires à tous les Maîtres, ladite Requête, ſigné Formentin ; au bas de laquelle eſt notre

Ordonnanſe

Ordonnance de soit montrée au Procureur du Roy en datte du quatre Février mil sept cens trente-neuf, ses conclusions étant ensuite du cinq Mars présent mois, & le tout vû & consideré. Nous du consentement du Procureur du Roy, disons que ladite Déliberation est & demeurera homologuée pour être executée selon sa forme & teneur, ordonnons que ladite Déliberation & notre présente Sentence seront à la diligence des Jurés de présent en charge, imprimées lûes publiées, & affichées dans le Bureau de ladite Communauté, & partout où besoin sera, transcrite sur le Registre d'icelle, & qu'il en sera délivré un exemplaire à chacun des Maîtres & Veuves de Maître de ladite Communauté, à ce qu'ils n'en prétendent cause d'ignorance, & ayent à s'y conformer, sous les peines y portées : Ce qui sera executé nonobstant & sans préjudice de l'appel : en témoin de ce Nous avons fait sceller ces présentes, qui furent faites & données par nous Juge susdit, le dix Mars mil sept cens trente neuf, collationné, Signé TARDIVEAU, avec paraphe, & scellé le seize Mars 1739. Signé SAUVAGE.

Déliberation faite en l'Assemblée de la Communauté des Maîtres Doreurs, Argenteurs, &c. concernant le dépôt des Papiers dans le coffre de ladite Communauté.

Du 28 Novembre 1739.

LEs Doyen, Anciens, Modernes & Jeunes Maîtres assemblez au Bureau en la maniere accoutumée, à la diligence des Sieurs Jurez en Charge, qui ont représenté à la Compagnie un Mémoire présenté par les Sieurs Mathurin Harlau, Claude Thibault, Philippes Rousseau, Guillaume Boulanger, Jacques Ligois & Pierre Lebœuf, tous Anciens Jurez de ladite Communauté, & opposans à la reddition des Comptes des sieurs Etienne Meslin & Denis-Joseph Dubaux, derniers sortans de Charges, par lequel ils demandent qu'en donnant main-levée de ladite opposition, les sieurs Jurez qui

préfenteront leurs Comptes à l'avenir à ladite Communauté
feront tenus de rendre compte à la Communauté affemblée
en la maniere ordinaire. de l'état où fe trouveront les affaires qui fe trouveront chez les Procureurs & Avocats de ladite Communauté, tant au Châtelet qu'en Parlement, à peine
de tous dépens, dommages & intérêts, & de rapporter, lors
de la reddition defditsComptes,les deniers & Pieces de celles
qui fe trouveront finies, avec les quittances des frais qu'ils auront payés.

Sur quoi la Communauté affemblée, comme deffus, a arrêté d'une commune voix,que l'expofé ci-deffus eft jufte, &
qu'à l'avenir les Jurez en Charges feront tenus de s'y conformer; au moyen de quoi lefdits fieurs Mathurin Harlau, Claude Thibault, Philippes Rouffeau, Guillaume Boulanger,
Jacques Ligois & Pierre Lebœuf, tous oppofans aufdits
Comptes par Exploit du 12 du préfent mois de Novembre,
donnent pleine & entiere main-levée defdites oppofitions,
en confentent la nullité comme non faites ni avenues; en
confequence de quoi lefdits fieurs Jurez & Communauté af-
femblez comme deffus, fe défiftent réciproquement des Affi-
gnations par eux données aufdits fieurs fufnommez, & de
l'inftance pendante au Châtelet devant M. le Lieutenant
Général de Police, pour avoir main-levée defdites oppofitions,
fauf aufdits fieurs Jurez & Communauté à fe pourvoir par les
voyes & ainfi qu'ils aviferont bon être pour le rapport & repré-
fentation des Pieces & Procedures faites contre les fieurs
Thiery & Rouffeau, dans l'inftance contre eux pendante ci-
devant au Châtelet, & à préfent au Parlement; & pour faire
homologuer la préfente Déliberation; ladite Communauté
affemblée comme deffus, donne pouvoir aufdits fieurs Jurez
de le faire inceffamment par tout où befoin fera, & les frais
qui feront faits pour raifon de ce, enfemble ceux faits par lefdits fieurs Mathurin Harlau & Confors, & lefdits fieurs Jurez
& Communauté, mentionnez dans l'inftance ci-deffus énon-
cée, feront paffez & allouez en dépenfe dans les Comptes des
fieurs Guillaume Paffevin & Claude Gambier, Jurez de préfent en Charge fur les quittances & pieces qu'ils en rappor-
teront : Fait & arrêté audit Bureau les jours & an que deffus,

& ont figné, excepté le fieur André Lemaire, Ancien, qui
a déclaré ne fçavoir écrire ni figner, de ce interpellé : Signé
Arnoul, Heron, N. Autin, J. J. Maugé, Le Cefne, Tourou-
de, P. Baron, P. Richart, Barbier, P. Malevaux, Thibault,
P. Roufleau, Meflant, Rabut, G. Boulanger, D. Lenfant,
F. M. Harlau, Ligois, A. L. Charié, Meflin, Dubaux, J. Fran-
çois Gambier, Meneflier, Lauriau, Louis Jean, Lebœuf,
M. Harlau, Ligois, Lebœuf, Paflevin, Gambier, Morel &
Pilon, avec Paraphes. Controllé, figné, BLONDELLU.

Sentence qui homologue la Déliberation ci-devant.
Du 15 Mars 1740.

A TOUS ceux qui ces préfentes Lettres verront : Gabriel-
Jerôme de Bullion, Chevalier Comte d'Efclimont,
Prevôt de Paris : Salut, fçavoir faifons, que vû par Nous Clau-
de-Henry Feydeau de Marville, Chevalier, Confeiller du
Roy en fes Confeils, Maître des Requêces ordinaires de fon
Hôtel, Lieutenant General de Police de la Ville, Prevôté &
Vicomté de Paris, la Délibération de la Communauté des
Maîtres Doreurs, Argenteurs, Damifquineurs, Cifeleurs &
Enjoliveuts fur tous Métaux, de la Ville & Faubourgs de Paris, du 8 Novembre dernier 1739, dûement controllée, par
laquelle il a été arrêté qu'à l'avenir les Jurez fortans de Charges feront tenus de rendre compte à la Communauté aflem-
blée de l'état où fe trouveront les affaires de ladite Communauté, foit au Châtelet, foit au Parlement, & de rapporter
lors de la reddition de leurs comptes les Doffiers & Pieces
des affaires finies, avec les quittances des frais qu'ils auront
payés aux Procureurs ou autres ; Requefte fignée Formentin
Procureur, à Nous préfentée par les Jurez en Charges de ladite Communauté, tendant à fin d'homologation de ladite
Déliberation, pour être executée felon fa forme & teneur,
Notre Ordonnance étant au bas de ladite Requête, en datte
du 5 du prefent mois, portant foit communiqué au Procureur
du Roy, & fes conclufions, & autres enfuite du 9, & tout con-

sideré : Nous, oui sur ce le Procureur du Roy, avons la Déliberation dudit jour 28 Novembre 1739, homologuée pour être executée selon sa forme & teneur : Fait ce 15 Mars 1740. En témoin de ce Nous avons fait sceller ces Presentes faites & données par Nous Juge susdit, les jour & an que dessus. Signé CUYRET. Collationné, signé SAUVAGE

Déliberation faite en l'Assemblée de la Communauté des Maîtres & Marchands Doreurs, &c. homologuée au Chastelet, par laquelle tous les Maîtres de ladite Communauté, Anciens, Modernes & Jeunes, seront tenus de se trouver aux Assemblées qui se feront pour les affaires de ladite Communauté, lorsqu'ils y auront été mandés par billets, à peine de quatre livres d'amende contre les absens.

Du 16 Fevrier 1740.

LEs Anciens, Modernes & Jeunes Maîtres de la Communauté convoquez au Bureau, suivant le Mandat, en la maniere accoutumée, les Jurez en charge ont representé à l'Assemblée que les Anciens, Modernes & Jeunes Maîtres ne se trouvent pas exactement aux Assemblées qui se tiennent au Bureau, lorsqu'ils y sont mandez, n'y en ayant pas un assez grand nombre pour déliberer sur le sujet de la présente Assemblée : Sur quoi après avoir attendu jusqu'à six heures sonnées, lesdits sieurs Jurez ont requis les Anciens, Modernes & Jeunes qui se sont trouvez presens audit Bureau de leur donner acte de leur comparution & des motifs de l'Assemblée ; & attendu que le cas requiert célérité, qu'il soit permis ausdits sieurs Jurez de présenter Requête à M. le Lieutenant Général de Police pour être autorisez à faire sommer les Anciens, Modernes & Jeunes qui seront refusans, de se trouver à l'avenir ausdites Assemblées, à moins qu'ils ne soient malades ou abſens, à peine d'amende telle qu'il plaira à mondit Sieur le Lieutenant Général de Police arbitrer au profit de la Confrérie de la Communauté, ce qui a été unanimement aggréé & conſenti, & les frais qui ſeront faits feront allouez en dépenſe dans le compte deſdits ſieurs Jurez ſans difficulté. Fait & arrêté audit Bureau, leſdits jour & an que deſſus, & ont ſigné, Leceſne, Touroude, Barbier, Perichard, Rabut, Malevaux, Dubois, F. M. Harlau, Ligois, Ligois, P. Boudin, Meſlin, Belay, Cheron, Charier, C. C. Moreau, Nicolas Bouret, Corel, Thibault, Paſſevin, Gambier, Morel & Pilon, avec Paraphes.

Controllé, ſigné BLONDELU.

Sentence qui homologue la Déliberation ci-devant, & en ordonne l'execution.

Du 4 Mars 1740.

A Tous ceux qui ces preſentes Lettres verront, Gabriel-Jerôme de Bullion, Chevalier Comte d'Eſclimont, Seigneur de Wideville, Creſpierres, Mareil, Montainville & autres lieux, Mareſchal des Camps & Armées du Roy, ſon Conſeiller en ſes Conſeils, Prevôt de la Ville, Prevôté & Vicomté de Paris : Salut, ſçavoir faiſons, que Vû par Nous Claude-Henry Feydeau de Marville, Chevalier, Conſeiller du Roy en ſes Conſeils, Maître des Requêtes ordinaire de ſon Hôtel, Lieutenant General de Police au Châtelet de Paris, la Deliberation des Maîtres Doreurs, Argenteurs, Damaſquineurs & Ciſeleurs ſur métaux, du 16 Fevrier 1740. Controllée le 19

du même mois par Blondelu ; la Requeste des Jurez
de prefent en Charges de la Communauté defdits
Maîtres Doreurs , tendante à ce qu'il Nous plût , vû
ladite Deliberation , l'homologuer , en confequence
ordonner qu'à l'avenir tant les Anciens que Modernes & Jeunes Maîtres de ladite Communauté , qui
feront mandez par les Jurez en Charges, feront tenus
de fe trouver à toutes les affemblées qui feront indiquées , par lefdits Jurez , qui fe tiennent au 'Bureau
de ladite Communauté , aux heures précifes qui feront indiquées , fuivant les mandats imprimez qui
feront portez à chaque Maître , ainfi qu'il fe prati-
que , par le Clerc de ladite Communauté , lefdits
mandats fignez defdits Jurez ; & que les Anciens,
Modernes & Jeunes mandez, qui manqueront d'af-
fifter aufdites Affemblées aux jours & heures indiquées audit Bureau , feront contraints au payement
de l'amende qu'il Nous plaira arbitrer , applicable
au profit de la Confrerie de ladite Communauté ,
fauf en cas de refus par aucun Maître d'obeïr à Notre prefente Sentence , d'être prononcée contre les
refufans plus groffe amande s'il y echeoit , ladite
Requeste fignée Formentin Procureur , Notre Ordonnance de foit montré du 24 Fevrier dernier , &
les conclufions du Procureur du Roy du 2 du prefent mois , & tout confideré , Nous , oui fur ce le
Procureur du Roy , avons la Deliberation du 16 Fevrier dernier homologuée , pour être executée felon
fa forme & teneur , & en confequence Ordonnons
qu'à l'avenir tous les Anciens , Modernes & Jeunes
Maîtres de ladite Communauté , qui feront mandez

& convoquez par des mandats fignez des Jurez en Charges, qui leur feront envoyez 24 heures avant les jours indiquez pour lefdites Affemblées, par le Clerc de ladite Communauté, en la maniere accoutumée, feront tenus de fe trouver aux heures précifes marquées par lefdits mandats, aux Affemblées qui fe feront au Bureau de la Communauté, pour y deliberer des affaires d'icelle, à peine contre chacun des Maîtres contrevenans de quatre livres d'amende applicable au profit de la Confrerie de ladite Communauté, au payement de laquelle ils feront contraints en vertu de Notre prefente Sentence, & en cas de maladie, abfence, ou autres legitimes empêchemens d'aucuns d'eux, ils feront tenus d'en avertir ou faire avertir les Jurez par écrit le jour defdites Affemblées, & fera Notre prefente Sentence exécutée nonobftant & fans prejudice de l'Appel ; en temoin de quoi Nous avons fait fceller ces Prefentes. Ce fut fait & donné par Nous Juge fufdit, le 4 Mars 1740. Collationné, figné CUYRET.

Les préfens Statuts & Réglemens ont été imprimés en l'année mil fept cens quarante par les foins de Meffieurs PASSEVIN, GAMBIER, MOREL, & PILON, Jurez en Charge.